I0440223

A *Maria Emanuele*
sorella maggiore della mia voglia
di scrivere in siciliano.

ALLA RICERCA DEL SUBLIME

nella poesia
di
Michele Sarrica

ISBN 978-1-4461-0066-0

Saggio breve
di
Maria Emanuele

Se altri autori hanno scritto o scriveranno sulla poesia di Michele Sarrica, sono pregati di mettersi in contatto con l'interessato per eventuale pubblicazione.

www.sarricateatro.it
michelesarrica@interfree.it
http://www.lulu.com/spotlight/michelesarrica

COMMENTO DELL'AUTORE

Non è facile spiegare cosa si prova quando si è protagonisti di una particolare attenzione tendente a evidenziare i momenti poetici della tua opera, umile o grandiosa che sia.

È ovvio che ti gratifica ed esalta la scrupolosa attenzione critica riservatoti e, nel contempo, non è facile spiegare e condividere la relativa soddisfazione emotiva che si prova.

In tempi come i nostri, dove il "negativo" fa notizia a discapito del bello, del buono e dell'onesto, è più facile denigrare, demolire, disorientare, piuttosto che costruire insieme per un futuro migliore e un oggi più vivibile.

Capita, fortunatamente, di ricevere dimostrazioni di grande affetto e di sincera stima non soltanto perché si condivide una passione, un'arte o un hobby qualsiasi, ma perché si riconoscono, nell'altro, aspetti positivi e creativi degni di essere menzionati. Questo può avverarsi anche tra persone che s'incontrano per caso, magari in situazioni in cui non si sapeva nemmeno con chi si sarebbe condiviso l'aria e le parole, e con le quali, da subito, scatta quell'inspiegabile simpatia che ti porta a fraternizzare con un estraneo.

Non sarebbe stato possibile ricevere tanta particolare attenzione da parte di *Maria Emanuele*, se tanti anni fa, *(non voglio dire trenta per non sembrare più vecchio)* non fosse scattata questa invisibile molla affettiva; se durante questo tempo non avessimo condiviso un medesimo indirizzo socio-culturale, in cui la poesia ha svolto la funzione di collante anche nei rapporti umani.

Per noi, idealisti, la poesia non rappresenta soltanto un accadimento emotivo da condividere, attraverso i libri, le recite e i premi letterari. Per molti è, soprattutto, intima voglia di comunicare, di affratellarsi, di esternare l'intimo fabbisogno di sentirsi ancora in grado di autoproclamarci uomini tra gli uomini. E non è retorica, né proclama moralista! Non si rinnegano le lodi e gli applausi, sarebbe ipocrita affermarlo. Però, credo che sarebbe un errore scrivere, soltanto, per ricevere consensi e trofei. Sarebbe troppo arido se mancasse il desiderio intimo di esprimersi per confrontarsi, per donarsi alla poesia, come amante che si offre alla sua dea senza chiedere nulla in cambio, se non l'amore e la totale devozione. Sarebbe una inutile farsa frequentare la reale casa dell'arte se non si ha la consapevolezza che attraverso l'arte, la bellezza e il confronto, si deve tendere a sensibilizzare, principalmente, la propria spiritualità.

*

Cara *Maria*, sono orgoglioso di questa tua benevola e spontanea attenzione, di questo saggio sulla mia poetica. Davvero grande è stata la sorpresa e grandissima l'emozione quando l'ho ascoltata, dalla tua voce, durante il Convegno dei Poeti Sublimisti svoltosi a Palermo nei giorni 11 e 12 novembre del 1999, organizzato dal poeta, *Nino Balletti*. Ricordi?... Il saggio, tra l'altro, era stato pubblicato tra gli atti dello stesso convegno.

Ecco, questi sono i momenti che non mi è facile descrivere nemmeno svuotando il mio piccolo cassetto di tutte le parole che contiene. Oggi, all'improvviso, rileggendoti, mi è venuta voglia di esternarti la mia gratitudine.

Oggi ho rispolverato i miei ricordi e tra i più preziosi ci sei anche tu, "sorella maggiore della mia voglia di scrivere in siciliano", e preso da uno strano raptus emotivo, ho avvertito il desiderio di gratificare la mia vanità (che, fortunatamente, ancora mi assiste e mi sprona), decidendo di pubblicare questo libricino che ti dedico.

Spero che questo modesto contributo, oltre ad inorgoglire il sottoscritto, possa essere testimone della mia gratitudine e del mio apprezzamento nei tuoi riguardi.

Ti ho ammirato fin dai miei primi "vagiti" poetici, poiché da sempre ti ho considerato una sensibile e insuperabile interprete della nostra poesia dialettale.

Grazie, Maria, per il grande affetto!

Michele Sarrica

ALLA RICERCA DEL SUBLIME

nella poesia
di
Michele Sarrica

Breve saggio
di
Maria Emanuele

Sollecitata dal poeta sublimista, *Nino Balletti,* di ricercare il sublime nell'opera di uno dei nostri poeti, mi è venuto subito alle labbra il nome di, *Michele Sarrica,* artista so bene come non sappia scendere a compromessi, come sappia affrontare la vita in purezza d'intenti e sappia corteggiare la poesia in uno stile soffuso di lirismo.

Nei gruppi delle consorterie Culturali, gli individui dotati di grandi qualità morali, a volto si sentono a disagio, non tanto por alterigia ma per una sana umiltà che vieta loro di mettersi in mostra, di porsi in antagonismo con i colleghi.

Costoro che (apparentemente) s'appartano, assumono l'atteggiamento sereno, quasi sacerdotale, di chi desidera occuparsi, esclusivamente, della poesia e della purificazione dell'anima, in una catarsi che riconduce i gesti quotidiani alle vette dello spirito.

Iniziando il mio - iter- attraverso l'opera di *Michele Sarrica*, sona stata presa dall'ansia tipica dell'esploratore che si accinge ad intraprende un safari all'interno di un paese ignoto e affascinante, nella consapevolezza di potersi ritrovare in ampi spazi soleggiati, in angoli di misteriose ispirazioni, in una percezione onirica, quasi di personificazione poetica. Infatti possono esistere due tipi di artisti anche di sesso diverso, che sentono allo stesso modo e operano parallelamente.

Questa particolarità io l'ho scoperta in *Michele Sarrica* e in me e ho definita la sua poesie la versione maschile della mia (squisitamente femminile) ma entrambe attingenti alle stesse fonti d'ispirazione: la sicilianità nel dialetto colorito, i padri, i figli, la natura e l'amore. Il letterato, *Francesco Flora*, scrive: "A intendere un testo poetico occorre una sintesi tra la nostra poeticità e la parola del poeta". Sono stati i critici francesi a istituire la lettura tecnica del testo, avvalendosi dell'esperienza dei Simbolisti, tra cui *Verlaine, Mallarmé, Rimbaud, Valery*. Essi ci hanno insegnato a esaminare tutti i mezzi espressivi del poeta: immagini, simboli, metafore, linguaggio, sintagmi, ritmico metrico.

Si tratta di un gioco molto serio che va dalla scomposizione alla ricomposizione dei versi, una radiografia della struttura compositiva dell'opera d'arte. Cosa che io non farò desiderando semplicemente ricercare solo quella fiamma di sublimità che ci interessa. Primo critico di se stesso dev'essere il poeta che a ogni stesura sa come correggere, togliere, aggiungere, dimostrando che l'opera artistica non è un oggetto statico ma un risultato dinamico ottenuto attraverso diverse sollecitazioni, emotive e culturali, in continuo divenire. L'autore ambisce sfiorare le vette più alte della sua concezione di assoluto applicabile all'arte e, spesso, ritenendo di non averlo raggiunto, vive in uno stato di perenne travaglio, tra il tormento e l'estasi della creatività.

Michele Sarrica non si sa sottrarre a ciò e in una lirica dice *"Dio, perchè non scorgi la mia mediocrità?"*

(Dalla poesia, *"Pezzi di ricambio"*, pubblicata nella silloge - Alla periferia del quotidiano - Ed. *Comete*, 1996)

PEZZI DI RICAMBIO

Vorrei dare un motivo
   al presente che sfugge
al futuro in agguato
al sempre che stordisce
a questo viaggio
     disorganizzato
  attorno ai perché dell'universo

Vorrei dare risposte
   all'attesa e ai miei dubbi
alla mia intelligenza
all'emozione e al risveglio
al sentirsi pedina
   tra pezzi di ricambio
nel ripostiglio di questa società...
una società di fantasmi
   con l'hobby della guerra

E innalzerei un Olimpo
   ai sogni che ci fregano
ai progetti sfumati
al silenzio dei vinti
ai tabù e ai misteri

della giungla in cui soffro

Dio
perché non scorgi la mia mediocrità?
Io vorrei dare un senso
                al mio essere uomo
cavia-solista
                tra il martello e l'incudine
una chiara ragione per capire
        in quale film osceno son finito

Ma la vita non l'ho creata io
e Dio - come sappiamo -
                è un Padre Eterno.

Questa umiltà è la base portante del Sublime che io ho mietuto a piene mani nella sua poesia. Poesia di uomo che si dibatte nella tela del ragno della quotidianità, delle realtà agghiaccianti, che si dipanano tra un telegiornale e l'altro, tra gli assassini delle nostre strade e guerre lontane, tra l'appiattimento dei giorni e il desiderio dell'evasione, l'anelito di andare verso l'Oltre, il paese delle beatitudini ancestrali. In una composizione dice: *Imbratto il vento / soffiando sul tuo seno/ la nostalgia del cielo mai raccolto..."*

(Dalla poesia, *"Questa sera ti offro il mio Neruda"*: pubblicata, successivamente, nella raccolta *"Il fascino del sempre"* Ed. *N. Calabria*, 2005.

QUESTA SERA
TI OFFRO IL MIO NERUDA

"Y así cuando la tierra reciba nuestro abrazo
iremos confundidos en una sola muerte
a vivir para siempre la eternidad de un beso"

E siamo ancora qui
sepolti fra i sospiri dei poeti
      a ricomporci l'anima graffiata...
nebuloso retaggio delle strade
        aperte al liutare dei tuoi cenni

Imbratto il vento
soffiando sul tuo seno
    la nostalgia del cielo mai raccolto

Al vertice ricrocchiano le dune
      solfeggi arrotolati in pergamena

Questa sera ti offro il mio Neruda

"Veo en tu vida todo lo viviente"

Io porto insieme a te l'apocalisse
di questa nuova attesa che non c'era
        la spiga e il vento
        il sole sulla paglia
l'incerto ripercuotere la vita

> per altri frutti
> smarriti tra le foglie

"Veo en tu vida todo lo viviente"

Dal fuori tempo
    evaso alla rovine
    rinasce tutto ciò che non sappiamo...
il filo e l'abbandono
un angolo e lo spazio
i due che incontrammo sulle labbra
scambiarsi un altro giorno e farsi eterni.

Cos'è mai questo cielo mai raccolto se non brama di possedere l'assoluto nella sua immaginifica purezza?

Sarrica percepisce dentro di sé l'input vitale, la fiamma che brucia l'Ego e che, tra un angolo angusto, lo spazio infinito, tra un filo di passione e l'abbandono, lo spinge verso orizzonti di bellezze sconosciute.

In *"Scenografia di riflessi"* (Ed. *ASA*, 1983) il poeta vive il dramma dall'emigrazione e così si esprime nella poesia *"Voi non sapete"*.

VOI NON SAPETE

Voi non sapete
quali sussurri emergono dall'anima
crocifissa nelle valli abbandonate,
quale colore veste la mia terra,
quali suoni sprigiona il campanile
innalzato nella piazza del mio cuore.

Voi non sapete
del silenzio di una casa senza figli,
del dolore che spacca le montagne,
del sapore che cela il nostro pane
        avuto dall'offerta dell'addio.

Voi non sapete
delle porte sprangate dal silenzio,
dell'ultima cena degli abbracci,
dell'attesa della festa del ritorno
e non vedete
che nei nostri cuori c'è una croce
innalzata sul calvario del mondo,
        lontano dalle nostre colline.

E il poeta continua dibattendosi in - *"Un go-mitolo di giorni"* - nel ricordo di esperienze dolorose, scarnificando se stesso e mettendo a nudo le sofferenze di un - paesano - che, attraverso rinunce, mortificazioni, lontanan-ze, giunge alla coscienza di sé, di uomo maturo.

UN GOMITOLO DI GIORNI

Sento questo filo
scivolare fra le dita
e come meteora
dai guizzi di delfino
bruciare l'odissea
di questo ingarbugliato
                    dormiveglia.

Il segreto di un'ora,
il sorriso di un attimo,
il desiderio di sempre
confusi nella monotonia
di un alibi incontestabile:
                    la vita.

Un'apparenza complessa,
un filo tagliato,
i ricordi che gridano
            sfregiati dal tempo.

Un gomitolo di giorni:
un diario incompleto,
la vita già spesa,
il lento sgretolarsi
            d'un vago stupore.

Un poeta-uomo, dunque, che nel momenti di disperazione (a cui neppure un *sublimista* può sottrarsi) dirà: *"Io non sono il Cristo dei redenti"*

(*"Io non sono"* Dalla silloge - Scenografia di riflessi - Op. cit.)

IO NON SONO

Io non sono il Cristo dei redenti
venuto al mondo per salvare anime
né sarei un Cristo che perdona
i suoi aguzzini ed anche i tuoi.

Ma sono ugualmente un cristo.

Un cristo crocifisso dalla vita,
invischiato nella povertà dell'uomo
costretto a colmare la sua mente
con le miserie che dona questa carne,
quest'esistenza che richiede pane.

Ma se fossi il Cristo della storia
e vedessi l'altare del mio mondo
macerarsi con ineffabile prodigalità
nell'olocausto degli emarginati,
dei nati sotto il segno della sconfitta,
ogni tanto squarcerei il cielo
per dire, almeno, state buoni!

In altra composizione, intitolata *"Pensiero"*, dice: *"Beato te, pensiero / compagno assiduo del mio vagabondare / ché non soffri le vertigini della solitudine..."*

(Dalla silloge "Scenografia di riflessi" Op. cit.)

PENSIERO

Beato te
                    pensiero
compagno
                    assiduo
del mio
          vagabondare,
ché non soffri
le vertigini
      della solitudine!

    T'amo
per ché mi fai
                raggiungere
chi mi è
              tanto caro
e t'invidio
perché
            tu sei libero
mentre io
son prigioniero
      del mio mondo.

La solitudine è l'habitat naturale in seno al quale il poeta cerca di scoprire se stesso, la sua identità, nel momento in cui sente aleggiare sul suo capo il soffio di una presenza, di cui non sa la provenienza ma ne intuisce la natura: lo spirito divino di tutte le cose, un'eco lontana fra scintille e memorie.

(Pag. 46. *"Scintille di memoria"* Dalla silloge - "Scenografia di riflessi" Op. Cit.).

SCINTILLE DI MEMORIA

Quando nello stagno dei ricordi
sboccia la rosa del passato
e l'ombra della nostalgia
punta il vomere sull'anima,
una colata di petali spremuti
riporta il bagliore dell'essenza
sul pallido imbrunire della vita

Diafane aurore di memoria
tessono il tempo che si ferma,
ricamano giorni ormai fuggiti
da regalare alla sopravvivenza

Sulla tela della mia sorgente
si muovono i pennelli del pensiero:
rivivono i colori dell'estate,
le metamorfosi delle mie stagioni.

Tra vicoli scoscesi prende forma
l'ansimare di un'ombra sopra il mulo,
lo scialle nero sul capo di mia madre,
i battiti del tempo senza ore
scoccati dal cuore di una piazza.

Io, padrone di un'eco lontana,
nella grande soffitta del cuore
cerco le perle della mia collana.

Nell'ultimo volumetto di liriche in italiano *"Alla Periferia del quotidiano"*, si può ammirare, sul frontespizio, un dipinto di, *Somasiri Jayamanne*, *"Riluttanza a nascere"*. L'opera riprodotta enuncia quella vaga paura del mondo che intristisce tutti. L'esitazione, del feto, di venire alla luce, intimorito dai pennelli che si vanno intingendo sulla tavolozza della vita, nel rosso del sangue, nel nero della morte. L' immagine del principio e della fine, dell'essere e non essere del poeta, è la stessa riluttanza dell'uomo-poeta ad affrontare la routine che minaccia di spegnere l'estro poetico. In questo libro c'è tutto intero l'artista, *Michele Sarrica*, con i suoi tormenti di uomo, di cittadino, di padre, che non alza bandiera bianca ma vuole lottare e superare le incertezze, il grigiore d'ogni giorno.

In versi dolenti ma materiate di lontane speranze, dotati di grande di grande respiro e ritmo lirico, egli cerca di frantumare la sua amorfa apparenza d'individuo perso nella ovvietà, tenta (e ci riesce) di venir fuori dall'amnio della quotidianità che lo soffoca per ritrovare ossigeno vitale nell'atmosfera dello spirito, ove potere imboccare la via della liberazione - *Ma io punto anche il mio coraggio / sulla tua speranza sensoriale / e mi sento davvero molto ricco / quando sento giocare nostro figlio...*

(Pag. 53 *"Favola barocca"* Dalla silloge - "Alla periferia del quotidiano" - Op. cit.)

FAVOLA BAROCCA

Succede - spesso -
      di non pensare a niente
di essere immorali con la vita
e non vegliare
nemmeno sul disagio
      della nostra favola barocca...
una favola inserita tra le ansie
      della resurrezione quotidiana

Succede spesso di essere perdenti

Ma io punto anche il mio coraggio
sulla tua speranza sensoriale
e mi sento davvero molto ricco
quando sento giocare nostro figlio.

La ricchezza interiore e la ricchezza degli affetti sono le mete di *Michele Sarrica*. Aveva dubitato di provare queste grandi emozioni reputando di somigliare a un manichino inerte travolto nei vortici della modernità e del consumiamo che inaridisce. In fondo, non ci credeva veramente perchè dice in un verso: *"Sarebbe un dramma / se fossimo soltanto burattini"* –

(Pag. 65. *"Sarebbe un dramma"* Dalla silloge - "Alla periferia del quotidiano" - Op. cit.)

SAREBBE UN DRAMMA

Sarebbe un dramma
se fossimo soltanto
                Dei-camaleonti
senza speranze
                    senza illusioni
con un programma
             inedito nel cuore
da rispettare
come comandamento
nel nome
    di un arbitrio assecondato

Sarebbe un dramma
se fossimo soltanto burattini.

Noi abbiamo la certezza che il nostro poeta non è un burattino, ma l'uomo forte che si ribella all'automatismo, che si agita per infrangere la scorza che lo cristallizza in preordinati prototipi, capace ancora di riemergere dalla nebbia che lo vuole relegare alla periferia dei sentimenti; è il nascituro che vuole aprirsi un varco, a testate, nella vagina della sua poeticità, della vita e affrontarla in tutte le suo spinose incognite.

(Pag. 36. *"L'uomo del domani"* Dalla silloge - "Alla periferia del quotidiano" - Op. cit.)

L'UOMO DEL DOMANI

Un bambino non è solo un bambino...
è il mio
      il tuo
            il suo bambino

Se ti chiede un perché
dagli la mia
      la tua
           la sua risposta
e con un sorriso accendigli la luce
        che guida i suoi decolli

Un bambino desidera conoscersi
incontrarci
            sapere del mare
            del cielo
            dei colori
desidera capire i suoi confini
      la sua parte
l'universo che s'apre ad ogni passo

Un bambino è un nuovo continente
l'avvenire
un altro nostro giorno che rinasce
per dare all'uomo
        un'altra eternità

Quando cerca un appiglio
diamogli la mano
    e con la mano
    offriamogli la vita

                        la fantasia
la realtà che sfiora i nostri sogni...
questo mondo ubriaco di dolcezza
dove si accende e cresce la sua alba

                        La vita
                        come sai
è un ponte sospeso sull'ignoto
e un bambino
è come un aquilone
        che vola sopra il fiume dei perché

                    Se ti chiede chi siamo
digli che siamo i figli di Noè
fratelli delle capre e degli uccelli
                        uomini in provetta
che vorrebbero salvarsi un'altra volta
        salpando per l'isola promessa...

la terra dei giovani e dei vecchi
            dei poveri e dei ricchi
            dei bianchi e dei neri
la terra dove abbandonammo
            la nostra inesplorata umanità

Un bambino non è solo un bambino...

amalo per me
        per te
per il mondo che aspetta
                l'Uomo del domani.

Considerando la poesia in siciliano di *Michele Sarrica*, notiamo che si esprime nel dialetto di *Castelbuono*, dov'è nato, un paese tra i monti dell'entroterra palermitano, (*Le Madonie*) arroccato nel cerchio degli usi, costumi e tradizioni, propri del luogo. Egli, dunque, verseggia in un vernacolo forte, colorito, pastoso, a volte aspro, (come i sentimenti che urgono nel petto) a volto dolce, simile alla voce materna che lo sa ricondurre ai tempi sognanti dell'infanzia trascorsa *"nta un curtigghiu cchiù granni di lu celu"* - per quella particolarità che hanno i bambini di vedere ampi, immensi i luoghi e le cose che poi, raggiunta l'età adulta, sembreranno avere perso la loro grandezza. Il dialetto di *Sarrica*, pur avvalendosi di voca-boli e locuzioni di un paese preciso, sa tra-sferirsi fuori, tramutando l'atmosfera locale in atmosfera universale, cambiando il nativo di *Castelbuono* in cittadino del mondo. Racconta le lunghe ore dei suoi vecchi com-paesani, che imper-sonano i vecchi d'ogni paese che, appisolati in un angolo di piazza, sembra che aspettino solo la morte, dopo una vita di stentato lavoro: *Li vecchi sunnu ancili di vitru / appuntiddati nta 'na cerza d'anni..."*

Poesia pubblicata, successivamente, nella raccolta, "OGNI JORNU... la vita" Ed. Medinova. (Opera vincitrice della VI Edizione del *Premio Martoglio* 2008).

LI VECCHI

Li vecchi sunnu ancili di vitru
       appuntiddati nta 'na cerza d'anni
e quannu parranu
parissi ca scaliassiru
             la picciuttanza
             spicata ntra li spini

Hannu lu cori
comu guccia d'acqua
       appirnicata nta 'na fogghia sicca
aceddu zoppu
printu pi satari
       nta l'ultima ristuccia di la vita

E specchi ntra la negghia hanno li occhi
       c'aspettanu 'n-silenziu 'na truzzata
stanchi
russi
finestri a vanidduzza
       rivotanu lu tempu ca nun passa

Ah, li vecchi li vecchi...
quantu spinnu di suli hannu sti vecchi

Nta la chiazza
alivi sradicati
mi parinu surdati
            ca tornanu firuti di la guerra
'na guerra di furmichi ammaistrati
        ca spruppanu mi seria a lu destinu

Ah, li vecchi li vecchi...
        quantu carizzi vulissiru sti vecchi

Assimigghianu
a frassini 'ntaccati
    ntra li 'ngagghi d'un feudu scurdatu
e quannu ti talianu
è comu si prijassiru
        sutta lu cruci d'un celu ca ci sgridda
E quannu nun si sentinu ciatari
lassali dormiri
                    nun li strantuliari...
stannu vulannu cu la testa 'n-terra
        circannu dunni appenniri lu cori
stannu passiannu a ranti di lu celu
        pi nun lassari all'umbra li pinseri

Aspettanu lu trenu di lu celu
        cu 'na valiggia china di ritratti.

Quegli stessi vecchi che, in verde età, erano stati *"li surdati di la terra"*.

(Dalla raccolta - "OGNI JORNU... la vita" - Op. cit.)

LI SURDATI DI LA TERRA

Era ancora notti
quannu fumavanu li tetti
e li gatti aspittavanu ciariannu
                ca spuntassi lu suli

Era ancora notti
quannu cantavanu li gaddi
e li muli 'n-processioni
scarpisavanu scuru
                e sonnu di vaneddi

Partevanu 'n-silenziu
                li surdati di la terra
e dintra l'occhi avevanu la vigna
la crapa e la jumenta
              li frassini e li figghi...
    stiddi ammunziddati nta la naca
Ntra li vattali
un ghiommaru di luna
l'accumpagnava facennusi lanterna

Ntrusciati di curaggiu
cirnevanu lu celu e aspittavanu...
                    aspittavanu sempri

Nta lu cori avevanu un prisepiu
    e la spiranza 'nzitata nta lu sangu

Turnavanu 'n-silenziu
                    li surdati di la terra
e dintra l'occhi avevanu lu suli
li negghi e l'acquazzina
lu ventu e la simenza...
            figghi appirnicati nta lu cori

Ntra li vattali
un ghiommaru di luna
l'accumpagnava facennusi lanterna

    ...E li petri sudavanu la storia...

Il nostro amico, *Michele,* rappresenta i contadini come militi dei campi, che mai hanno disertato il lavoro agricolo, fatto d'arature, di raccolti, protagonisti silenziosi delle sole battaglie degne di essere combattute, quelle che producono pane e gioia e non lutti e rovine.

La sera c'era soltanto la luna a illuminare il viaggio del ritorno. *"E cirnevanu lu celu..."* perché avevano scelto il meglio dell'esistenza, la sacralità del lavoro e della famiglia, lo stesso lavoro di vagliatura che usa fare la massaia con il crivello, agitandolo, facendo cadere nello spianatoio il fior fiore della farina, lasciando nelle maglie sottili dell'utensile, la crusca.

Immagine metaforica, icasticamente viva, che denota la vera natura del poeta che sa cernere il frumento dall'Oglio.

In altra poesia dialettale, *"Li siciliani"*, tratta dalla silloge "...Pi nun lassari càdiri la luna", Ed. *Il Vertice*, 1986; II *Ed. Lulu.com*, 2009, il poeta s'identifica con l'albero che affonda le radici nelle zolle del passato e spande la chioma nel cielo dell'avvenire, aperto a tutte le frontiere.

LI SICILIANI

La nostra storia
                    lamentu di canzuna
  nun è chidda ca parra di cuteddi
d'onuri arripizzatu cu lu sangu
di chiummu arruffianatu cu la morti
            spararu
                    ntra 'na macchia d'un cannitu

La nostra storia
                    muntagna rusicata
nun è fatta di chiantu e di partenzi
di valiggi attaccati cu lu spagu
di cu' pensa a jisari quattru mura
            nta la vanedda mpinta nta lu cori

La nostra storia
                    trazzera nta li carni
è vuci ca si perdi nta la notti
disìu di nun aviri cchiù patruna
ca smuncinu e si spartinu lu celu
            sta terra arrisbigghiata da lu suli

Si pruvassimu a gràpiri 'na spica
sintissimu lu cantu di li patri
mpajati comu mula a lu travagghiu
tra celu e terra
                    'na fimmina p'amanti

ripetiri lu cuntu di la vita
     mentri proji lu cori a li so' figghi

La nostra storia
          longa e ngramagghiata
è arvulu c'aspetta nta la timpa
chiantatu e richiantatu senza abbentu
       cu radici
         appuzzati nta lu munnu.

Poeta è, dunque, colui che, pur essendo trascorsa l'età dei sogni, non riesce a sottrarsi al clima delle suggestioni dello stupore fanciullesco (quello che vede, per intenderci, le cose più grandi e più belle della realtà) che cerca di decifrare i messaggi dell'extrasensoriale, i misteri della natura che ci circonda e che solo alcuni ispirati sanno cogliere. Poeta è colui che continua a scrivere malgrado le critiche di chi poeta non é e non riconosce all'artista, diritto di esistenza.

La poesia, è considerata, a detta di alcuni, l'umile ancella della letteratura, l'arte che non dà pane né altra utilità, destinata a scomparire. Ma i poeti sanno che la poesia è una rosa sbocciata tra i rovi, senza una sola ragione apparente, un miracolo che riempie gli occhi e il cuore anelante di bellezza.

La grandezza dei poeti sta appunto nel fatto che non chiede denaro: egli desidera donare se stesso agli altri, come la rosa si offre a noi, senza chiedere nulla in cambio.

Egli continuerà a gettare, con i gesti ieratici del seminatore, le sementi d'oro delle sue parole sull'humus adatto a germinare sentimenti eterni.

Ci sarà sempre un uccellino affamato che si nutrirà dei suoi semi rimasti a fior il terra, e quello, sarà cibo di vita. E qui la metafora non è gratuita: noi, attorno a *Michele*, siamo uccellini che vogliamo nutrirci delle briciole delle sue parole.

Avendo, io, vagliato nel crivello della mia sensibilità, l'opera di *Michele Sarrica*, alla ricerca di quel quid che ci appassiona, nella rete simbolica sono rimaste l'umanità e l'umiltà di un uomo ricco di fantasia, di amore, d'ispirazioni, un artista degno d'impersonare ed attuare i Commi del nostro Manifesto.

Cerchiamo di tenere a mente, nel contempo, che il Sublime è veramente Sublime quando viene nominato il meno possibile.

Esso, se c'è, viene a galla, naturalmente, fra le parole dette e non dette, a insegnarci a vivere e a farci apprezzare i grandi sentimenti, come sa fare, magnificamente, il nostro caro amico, poeta, *Michele Sarrica*.

Palermo - 13/03/1998

Maria Emanuele

LIBRI CONSIDERATI

"Scenografia di riflessi" 1983.

"Alla periferia del quotidiano" 1986.

"...Pi nun lassari càdiri la luna" 1986

POESIE IN DIALETTO SICILIANO

Li vecchi
Li surdati di la terra
Li Siciliani

ASSOCIAZIONE CULTURALE
IL VENTAGLIO
VIA M 1 N. 10
90040 CAPACI (PA)

No-profit

Ed. Lulu.com
Finito di stampare nel mese di novembre 2010

www.ingramcontent.com/pod-product-compliance
Lightning Source LLC
Chambersburg PA
CBHW060648290526
45793CB00001B/454